27

I n 14259.

ESSAI
SUR LA VIE PRIVÉE
DE HONORÉ-GABRIELLE RIQUETTI
DE MIRABEAU.

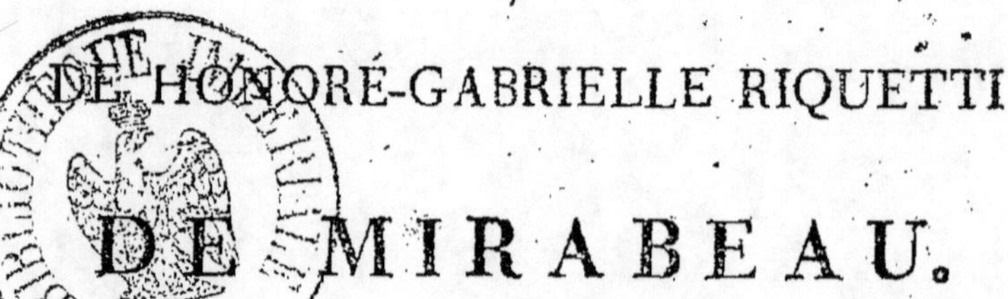

Par C. L. CADET-GASSICOURT,

Membre de la Société des Belles-Lettres et des deux Lycées de Paris.

————

A PARIS,

De l'Imprimerie rue des Droits de l'Homme, N°. 44, près la Force.

====

An VIII.

ESSAI

SUR LA VIE PRIVÉE

DE HONORÉ-GABRIELLE RIQUETTI

DE MIRABEAU.

DÈS que la tombe s'ouvre pour un homme célèbre, le regret qu'inspire la perte de ses talens
efface le souvenir de ses défauts. Il n'a plus de
rivaux, et laisse une place à remplir. L'envie se
tait : ceux qui se montrèrent ses détracteurs
exaltent ses vertus, pour opposer sa gloire à leurs
émules. Les écrivains qui recueillent les traits
principaux de sa vie, dissimulent ses faiblesses,
et présentent, sous le jour le plus favorable, tout
ce qu'il fit d'utile et d'éclatant. Les panégyristes
se croient obligés de tout louer ou de parler seulement de ce qui est louable. Ils oublient qu'écrire
la vie d'un homme célèbre, c'est écrire l'histoire,
et qu'un historien doit, avant tout, être vrai.
Comment croira-t-on aux rares qualités dont il
compose le portrait de son héros, s'il ne nous
montre pas les défauts qui servaient d'ombres au
tableau. Il est certaines vertus qu'on ne peut pos-
séder, sans avoir aussi certains vices. La nature,
amie de l'équilibre, compense presque toujours le
mal par le bien, et l'on ne peut guère citer
un homme sans défauts essentiels, qui ne soit
en même tems un homme sans caractère ; mais
quand l'ame est douée d'énergie, que les pas-

A 2

sions se disputent le cœur, souvent les hommes qui font les plus grandes choses, sont aussi ceux qui commettent les fautes les plus graves ; tel fut Mirabeau, dont nous allons examiner la vie avec l'impartialité que nous demandons aux écrivains biographes.

HONORÉ-GABRIELLE RIQUETTI DE MIRABEAU, naquit à Bignon près de Nemours, au mois de mars 1749, de *Philippe Riquetti*, marquis de *Mirabeau*, et de *Louise de Caraman*.

Son père s'est rendu célèbre par son livre de *l'Ami des hommes* (1). Cet ouvrage suppose dans l'auteur une philantropie que ses contemporains lui refusent, une philosophie douce, qui chez lui n'était qu'affectation. Il se disait l'ami de tout le monde, et comptait peu d'amis. Il fut mauvais père, citoyen peu zélé ; mais il fit un livre utile pour le tems où il parut.

Le jeune *Mirabeau* naquit avec une constitution robuste, un esprit vif, une tête ardente. Dans son enfance, il se distingua par beaucoup d'habileté dans les exercices du corps. Son esprit fit aussi des progrès rapides. A quatorze ans il avait fait ses études, et peu de tems après il publia une éloge du grand Condé. Son caractère, qui se développait avec une force étonnante, donnait de lui la plus haute idée. A quinze ans, admis un jour chez le prince de *Conti*, ce prince lui dit en riant : *Que ferais-tu si je te donnais un*

---

(1) Il a aussi publié une traduction du *Tasse*.

*soufflet ? — Un soufflet ! monseigneur n'oserait
pas. — Eh bien ! que ferais-tu si le roi t'en donnait un ? — Cette question,* reprit-il, *eût été embarrassante avant l'invention des pistolets à deux
coups.* Si cette anecdote est vraie, elle présageait
déjà ce que Mirabeau serait un jour.

Malgré cette impétuosité naturelle, il sentit
de bonne heure le besoin de donner de l'ordre
à ses raisonnemens, de la logique à ses discours,
des principes à sa conduite. Il étudia *Loke* avec
un soin extrême, en fit des extraits, le com-
menta, et serait devenu philosophe avant d'être
majeur, si son père ne l'eût point envoyé en
garnison. Séduit par l'exemple de ses camarades,
il n'écoute bientôt que la voix du plaisir ; il
s'abandonne à la fougue de son âge. Le vin, le
jeu, les femmes, partagent ses momens. Il fait
des dettes, se bat, épouvante les maris, et se
brouille avec son père. L'auteur de *l'Ami des
hommes*, au lieu d'employer la douceur et la
persuasion pour ramener un jeune homme qui
n'était qu'égaré, ne trouve d'autre remède aux
déréglemens de son fils, qu'une lettre-de-cachet ;
il l'obtient, et *Mirabeau* est enfermé au fort de
l'île de Rhé. Cette sévérité mal entendue irrite
l'ame du prisonnier, roidit son caractère, et lui
donne, contre le despotisme, la haine implacable
qu'il manifesta depuis à la tribune et dans ses
écrits. Cependant il veut profiter de sa détention,
qu'il juge bien ne devoir pas être éternelle. Il
nourrit son activité par l'étude de l'art militaire,
fléchit son père, sort de prison, et passe en
Corse en qualité de volontaire, à la suite d'un
régiment de cavalerie. Il ne tarde pas à s'y dis-

tinguer, et à être nommé capitaine de dragons. Ce succès flatte l'amour propre du marquis de *Mirabeau*, qui oublie ou paraît oublier les torts de son fils, et le rappelle auprès de lui dans le Limosin. Voilà notre jeune officier devenu cultivateur, économiste. Pour faire payer ses dettes, il caresse quelque tems la chimère paternelle, fait avec le marquis des expériences d'agriculture, parle cadastre, réforme dans les impôts, amélioration des terres, etc. Mais voyant qu'il n'obtenait rien, et qu'il se laissait gagner par l'ennui, il prend congé de son père, et passe en Provence. C'est-là, dans la patrie de *Laure*, que l'amour l'attendait pour lui présenter des chaînes ; il devint amoureux d'*Emilie de Covet*, fille du marquis de *Marignane*, d'une famille distinguée et opulente ; il la demanda en mariage, l'obtint, et l'épousa au mois de juin 1772. L'année suivante, un fils naquit de ce mariage. *Mirabeau* le père n'avait pas été très-généreux en établissant le comte, qui n'épargna aucune dépense pour donner à sa jeune épouse toute l'aisance qu'elle avait droit d'attendre, et *Mirabeau* se vit obligé d'avouer ses dettes. Sa gêne ne devait pas surprendre ; il n'avait que six mille livres de rente, chargées d'une pension à sa belle-mère, et sa fortune, en partie substituée, ne consistait qu'en successions futures. L'ami des hommes s'irrite encore, fait prononcer contre son fils une interdiction de biens au Châtelet de Paris; et non content de cette sûreté, obtient encore contre *Mirabeau* des ordres du roi, en vertu desquels il fut exilé au château de Mirabeau, et ensuite dans la ville de Manosque, où la comtesse le suivit.

Avec le caractère que l'on connaît à *Mirabeau*, on ne sera pas surpris de le voir dans la suite peu jaloux de mériter la réputation d'un fils soumis et tendre. Sa jeunesse, il est vrai, fut bouillante, inconsidérée; mais le désordre dont son père le punit après le mariage n'eût point existé, si le marquis de *Mirabeau* avait eu d'abord plus d'indulgence et de générosité.

Jusqu'à cette époque la bonne intelligence avait régné entre le comte et sa femme; mais elle fût bientôt troublée par la faute de madame de *Mirabeau*. Il paraît qu'avant son mariage, *Émilie* avait eu quelque liaison avec un jeune homme de la province, qui en avait été amoureux. Ce jeune homme voyant mademoiselle *Marignane* mariée, ne perdit pas l'espoir, et lui écrivit. Une de ses lettres tomba entre les mains de *Mirabeau*, lui donna les plus violens soupçons sur la vertu de son épouse, et excita sa jalousie.

Dans son premier transport il se rend dans l'appartement de sa femme, s'enferme avec elle, et lui reproche son intrigue. Madame de *Mirabeau* convient qu'elle a connu, qu'elle a même aimé ce jeune homme avant son mariage; mais elle proteste que depuis elle s'est respectée, et n'a point répondu à ses lettres. L'explication devient vive. *Mirabeau* exige que sa femme écrive à son amant; elle s'y refuse: alors il lui présente un pistolet, et lui dicte la lettre suivante, qu'il se charge, dit-il, de faire parvenir:

28 mai, 1774.

« Je reviens enfin de mes égaremens, mon-

A 4

» sieur, et le premier effet de mon retour à la
» vertu, est de vous avertir que toute liaison est
» finie entre nous. Le hasard a voulu que votre
» lettre soit tombée entre les mains de mon
» mari ; je n'avais pas attendu ce moment pour
» reconnaître mes torts. La modération person-
» nelle à moi, qu'il a mise dans tout ceci, n'a-
» joute à ma conduite que la prière que je vous
» fais de ne pas revenir en ce pays-ci tant que
» nous y serons, autant parce qu'il n'est pas
» possible, que je vous y voie, qu'à cause de
» mon mari. *Nous y serons le moins de tems*
» *possible.* Je vous rends trop de justice pour
» croire que j'aie besoin de vous demander les
» deux lettres que vous avez à moi, ainsi que
» mon portrait et celle-ci. J'espère que vous
» voudrez bien me les faire parvenir ».

Mirabeau se garda bien de faire partir cette
lettre ; il la conserva, prévoyant qu'il pourrait un jour l'opposer à sa femme, et il la produisit effectivement dans le procès qu'il eût avec
elle.

Il est facile d'oublier ses propres torts. Satis-
fait d'avoir obtenu par la violence ce qu'il voulait, *Mirabeau* se persuada qu'il avait été généreux, voici comme il s'exprimait à cet égard
en 1784.

« Malheur à l'homme qui ne sent pas qu'on
» s'attache à ses propres bienfaits ! Mon indul-
» gence honorait madame de *Mirabeau* à mes
» yeux, parce qu'elle m'honorait moi-même.
» Fier de ma générosité, serait-il étonnant que
» j'eusse dit : *ô faute heureuse qui m'a fait faire*
» *cette belle action !* Si c'est là de l'orgueil, je

» l'avoue, tel est mon orgueil. Plus d'une fois
» cette idée me fût une grande et salutaire res-
» source dans les fers au milieu des repentirs.
» Ça été une douce consolation pour moi que
» de me le dire dans le cours d'une vie trop
» féconde en fautes, parce que le souvenir de
» ma générosité, au tems où la fougue de mes
» passions m'entraînait, sans m'aveugler cepen-
» dant, a pu me faire espérer que je n'étais pas
» incapable de devenir meilleur. Qu'il ne croie
» pas à cette explication celui qui ne la sent pas.
» Ce genre d'esprit n'est que dans l'âme; les
» livres ne le donnent point.... Et qu'on juge
» si l'on veut, qu'on juge ma situation, celle
» où entouré de tous les malheurs domes-
» tiques que le sort peut déchaîner contre un
» infortuné, je pardonnais une imprudence à
» la femme, à la jeune femme qui, portant
» mon enfant dans ses bras, baignait mes pieds
» de larmes, et me demandait au nom de mon
» fils l'oubli de ses torts; qu'on juge cette si-
» tuation comme une situation commune ! Quel
» est donc le mari qui ayant à se plaindre de sa
» femme, ne voudrait pas que tout le monde
» crût qu'il n'a qu'à s'en louer » ?

A ce ton de candeur et de sensibilité, qui ne
croirait *Mirabeau* sincère ? Ceux qui le connais-
saient n'étaient pas les dupes d'une pareille modération. Si madame de *Mirabeau* avait eu les
torts que son mari pardonnait avec tant de bonté,
aurait-on vu cet époux, ordinairement si violent,
faire quelques jours après l'évènement, un voyage
à Grasse pour les intérêts de l'homme dont il
venait de découvrir les liaisons avec sa femme?

Il fallait que ce voyage fût important pour l'engager à rompre son exil. Cette complaisance, dont il est difficile de lui faire un mérite, lui devint très funeste. Un de ces hommes qui se croient le droit d'être souverainement insolens, parce qu'ils sont souverainement lâches, le baron de *Villeneuve Mohans*, insulte grièvement la sœur de *Mirabeau* en présence de son frère. Le comte en demande raison, et le baron refuse de se battre. Cette querelle fait aussitôt le sujet des conversations, la malignité s'en empare, et l'on fait circuler dans la société une caricature qui représentait *Mirabeau* sous la forme d'un limaçon, offrant le cartel à une écrevisse. Il n'y avait qu'un parti à prendre, et ce fût celui que prit le comte ; il corrigea d'une manière humiliante le poltron impertinent, qui sur-le-champ publia son déshonneur en dénonçant *Mirabeau*, et en obtenant d'un tribunal subalterne, un décret de prise-de-corps L'éclat de cette ridicule procédure constatait la rupture de l'exil du comte. Le marquis de *Mirabeau* n'en fut pas plutôt informé, qu'il courut solliciter une nouvelle lettre-de-cachet contre son fils, et le fit enfermer au château d'If, le 23 décembre 1774. Aussitôt que *Mirabeau* était prisonnier, il n'avait qu'une seule idée, c'était de préparer sa liberté. Le bruit courut dans le tems qu'il avait séduit la femme de son geolier, et que cette femme ayant essayé vainement de délivrer *Mirabeau*, avait quitté son mari. *Mirabeau* ne parle dans sa correspondance que d'un cantinier, qui, six semaines après sa détention, soit par haine, intérêt ou jalousie, chercha à le perdre auprès de son père. Cet homme écrivit au marquis de *Mirabeau* une lettre dans laquelle il accusait le prisonnier d'être d'intelligence avec sa femme, pour lui retenir une somme de 4,000 livres. Des plaintes de cette nature, irritèrent davantage le marquis de *Mirabeau* : cependant il voulut s'assurer si son fils était réellement coupable de l'espèce d'escroquerie dont le cantinier l'accusait. Il s'adressa pour cela à monsieur *Dalègre*, commandant du château d'If. Monsieur *Dalègre* écrivit le 19 mai 1775, au marquis de *Mirabeau*, qu'il avait de la répugnance à justifier son fils de l'infâme accusation du cantinier ; qu'il jouissait de l'estime, de l'amitié et de la considération de toute la place.

Par une seconde du 14 du même mois, il lui disait : « Voici ma profession de foi, puis-
» qu'elle doit briser les fers de monsieur le
» comte de *Mirabeau*. Je suis persuadé que cette
» pièce produira tout son effet sur le cœur de
» *l'ami des hommes*, qui a donné d'aussi excel-
» lentes leçons d'humanité. La grâce que je
» sollicite est en faveur d'un fils, qui, par
» sa résignation à votre volonté, mérite tout le
» retour de la tendresse d'un père. Puisque
» cette lettre doit faire époque, recevez mon-
» sieur le marquis, l'attestation la plus authen-
» tique que depuis six mois que monsieur le
» comte de *Mirabeau* est détenu au château d'If,
» par ordre du roi, il ne m'a jamais donné le
» moindre sujet de plainte ; qu'il s'est toujours
» parfaitement bien conduit, et qu'il a soutenu
» avec toute la modération possible toutes les
» altercations que je lui ai quelquefois suscitées

» pour éprouver sa fougue. Je lui avais donné
» la liberté de la place sur parole d'honneur,
» il n'en a jamais abusé, et je me flatte que
» monsieur le comte aura bientôt la satisfaction
» de voir réaliser ses espérances ». Quels que
soient les torts d'un accusé, on aime à voir le
gouverneur d'une prison d'état, plaider ainsi la
cause de son prisonnier. Ces témoignages ho-
norables ne produisirent pas l'effet qu'en attendait monsieur *Dalègre*. Le marquis un peu
adouci, mais non désarmé, fit transférer le
prisonnier dans une citadelle plus commode que
le château d'If. Il fut conduit à celui de Joux, en
avril 1775. C'est dans la première de ces deux
forteresses qu'il composa son *Essai sur le des-*
potisme, ouvrage où il a mis le plus de force
et de raisonnement ; il est impossible de mieux
prêcher l'amour de la liberté ! Qu'elle plume
que celle de *Mirabeau*, écrivant à vingt-cinq ans
sous les verrouils de la puissance arbitraire ! Tout
le monde est de son avis lorsqu'il dit : *Le vœu*
des honnêtes gens, des vrais amis de l'humanité,
serait que la morale fût appliquée à la science du
gouvernement, avec le même succès que l'algèbre
l'a été à la géométrie. C'est un rêve, dira-t-on ;
d'abord je suis loin de le croire ; mais si c'est un
rêve, qu'on ne me parle plus de morale, qu'on
pose hardiment le fait pour le droit, en un mot,
qu'on m'enchaîne sans m'ennuyer, et sans insulter
à ma raison.

Peu de tems après son arrivée à Joux, *Mi-*
rabeau, par sa soumission, obtint pour prison
la ville entière de Pontarlier ; il écrivit à sa
femme de venir le rejoindre ; mais madame

de *Mirabeau* s'y refusa constamment. Le comte de *Saint-Maurice* qui commandait à Joux et à Pontarlier, le présenta lui-même dans les meilleures sociétés de la ville , et l'amour vint adoucir la captivité de *Mirabeau* , par un plus doux esclavage. Il connut la marquise de *Monnier* , et conçut pour elle la plus vive passion. Nous touchons à l'époque la plus intéressante de la vie privée de *Mirabeau*. Si nous en croyons les hommes intéressés à lui nuire, si nous jugeons les faits principaux sans tenir compte des motifs , et sans rapprocher les circonstances , nous ne verrons dans le comte qu'un vil corrupteur , calculant froidement la perte d'une femme intéressante et sensible , et l'abandonnant après avoir abusé de sa faiblesse et joui de sa fortune ; mais si nous examinons la position de cette femme, le caractère des gens qui l'entourent, les persécutions qu'elle essuie , si nous pesons toutes les raisons données par *Mirabeau* , nous serons tentés de nous écrier :

» Il fut séduit comme elle, et non pas séducteur.

La passion que *Mirabeau* avait conçu pour *Sophie* de *Monnier* , était vivement partagée. Cette femme malheureuse ne craignit pas de confier son sort à un homme aussi malheureux qu'elle ; et le mari outragé, a présenté *Mirabeau* comme un ravisseur. Le public l'a cru long-tems ; mais l'opinion a changé depuis qu'on connaît les détails de cette liaison. *Sophie* était jeune , jolie, tendre et spirituelle ; son époux était septuagénaire, il desirait vivement un enfant , et ne rougissait pas de faire entendre à sa femme qu'il excuserait une faiblesse si le résultat lui donnait un héritier. *Mirabeau*, jeune, ardent, fort aimable quoique laid, n'eut pas de peine à obtenir plus d'estime qu'un mari si peu jaloux de l'honneur de sa femme; il ignorait qu'il avait un rival, et que ce rival dédaigné était son propre geolier. Le commandant de la ville, le comte *Saint-Maurice*, irrité des dédains que lui fait essuyer *Sophie*, épie davantage sa conduite, et découvre qu'elle répond aux soins de *Mirabeau*. Que devait faire alors un homme d'honneur, ou un homme d'esprit? S'adresser à *Mirabeau* lui-même, lui disputer sa conquête, ou lutter avec lui d'amabilité; mais le militaire se conduisit en cette occasion comme aurait fait un abbé. Il avertit le mari, ameute les dévotes et les parens; il intéresse un confesseur, qui dénonce *Sophie* à sa mère, madame de *Ruffey*, et sollicite sa malédiction contre sa fille; il porte ses plaintes à *Mirabeau* père, enfin abusant du pouvoir que lui donne sa place, il ordonne au comte de se rendre prisonnier au fort dont il a la garde. Dieu sait le sort qu'il réservait à *Mirabeau* s'il n'avait pris la fuite; mais *Mirabeau* sortit de Pontarlier, et la marquise se rendit à Dijon, auprès de sa mère, qu'elle espérait appaiser.

Arrêtons nous un instant, pour envisager cette scène digne d'occuper la plume de *Beaumarchais*. Auteurs dramatiques qui cherchez des tableaux neufs pour le théâtre, que vous semble de celui-ci? Quels caractères à tracer! Cette jeune femme victime d'une union mal assortie, son amant prisonnier d'état, rival de son geolier, ce mari sollicitant un déshonneur secret, et s'irritant d'un ridicule public. Cet officier dénonciateur, ce prêtre sonnant pieusement le tocsin pour appaiser le scandale, ces dévotes, ces parens brouillons, cette mère inconséquente. Que de ressorts intéressans. *Mirabeau* les présente pour se justifier, pour excuser *Sophie*, et malgré- soi, l'on est de son avis ; mais la suite prend un caractère plus grave. Le comte se rend à Dijon pour se réunir à son amie ; elle était surveillée, et madame de *Ruffey* instruite de l'arrivée de *Mirabeau*, court le dénoncer. Il est arrêté et enfermé au château. Monsieur de *Changey*, commandant du fort, se met du parti de ses ennemis, et tandis que le mari de *Sophie* se dispose à commencer un procès criminel, il demande que l'affaire de *Mirabeau* avec le baron de *Mohans*, (prétexte de sa détention) soit évoquée au parlement de Dijon. Pour comble de disgrace, *Mirabeau* le père obtient une nouvelle lettre-de-cachet qui ordonne la réclusion du comte dans le château de Dourlens. Comment faire tête à un pareil orage ? *Mirabeau* sent qu'il ne peut combattre à-la-fois tant d'ennemis ; il a recours au seul moyen qui lui reste, il trompe leur vigilance, et fuit dans le pays de la liberté : mais à peine arrivé en Suisse, il apprend que le marquis de *Monnier*, furieux de perdre sa proie, veut se venger sur sa femme, et sollicite un ordre du roi pour la faire enfermer. Il est prêt à rentrer, à s'exposer encore pour soustraire *Sophie* au sort qui l'attend ; mais madame de *Monnier* prévient ses desirs, échappe à la persécution, rejoint le comte en Suisse, et passe avec lui en Hollande, le 25 août 1776.

Il est toujours difficile de justifier une femme
mariée qui fuit un époux pour s'attacher au sort
d'un aventurier; il est plus difficile encore d'excuser un homme qui, marié lui-même, et ne
pouvant rompre ses nœuds, arrache à sa famille
une jeune femme, à laquelle il ne peut offrir
que le partage de la misère et de la proscrip-
tion ; mais si l'on examine toutes les circonstances de la liaison de *Mirabeau* avec la marquise de *Monnier*, on voit que l'un et l'autre ne
pouvaient agir autrement : ce n'est point *Mira-*
beau qui enlève *Sophie*, c'est elle qui fuit une
lettre-de-cachet, c'est-à-dire, un ordre arbitraire
qui condamnait sans entendre, et qui punissait
sans mesure.

Cependant, le marquis de *Monnier* rend plainte
en rapt et séduction, les juges instruisent sur
cette plainte, et prononcent, par contumace, la
peine de mort contre *Mirabeau*, ses biens sont
confisqués, il est exécuté en effigie.

Mirabeau était en même tems, au moins dans
le public, accusé de spoliation. « Comme per-
» sonne, a-t-il dit à cette occasion, ne voulut
» se persuader qu'une fuite d'un tel éclat n'eût
» pas été combinée de longue main, on m'ac-
» cusa d'avoir enlevé madame de *Monnier*, pour
» m'approprier son argent et ses dépouilles...
» Oui, ils proférèrent cette accusation infâme :
» Je reste sans réponse et sans voix.... Moi,
» qui jamais ne sus compter, moi qui toute ma
» vie me sacrifiai pour des ingrats, et par une
» fatalité funeste n'ai méconnu que mes vrais
» amis, j'ai été taxé d'une cupidité si vile !...
» Et ce sont des êtres dont l'odieuse avarice,
» l'insatiable

» l'insatiable desir d'avoir est la première pas-
» sion, qui m'en accusèrent ! Les calomniateurs
» sordides ! ils vous repousseraient avec fierté, si
» vous leur offriez un louis, qu'on ne donne
» qu'à un valet ; mais ils s'attendriraient devant
» des rouleaux de cette monnoie ; ils feront des
» infamies pour l'obtenir. La pile en augmen-
» tant… diminue, efface l'insulte, la rend un
» bienfait… Je m'aigris, je le sens ; mais quelle
» âme honnête, quelle ame sensible ne me par-
» donnerait pas une si juste indignation ? Peut-
» être fut-il un tems où, enflammé d'ambition,
» emporté par un bouillant courage, je n'avais
» pas une morale très-pure, et où je n'aurais
» pas rougi d'être accusé d'un crime consacré par
» de grands périls, honoré et justifié par de
» grands exemples ; mais, comment supporter le
» soupçon de la plus lâche des bassesses » ?

Ce qui prouve l'injustice de l'accusation portée contre *Mirabeau*, c'est le dénuement absolu
dans lequel se trouvèrent les deux amans, peu
de tems après leur arrivée en Hollande. Et comment, en effet, auraient-ils eu de grandes ressources ; *Mirabeau*, sans crédit, sans fortune,
était, depuis trois ans, prisonnier d'état : *Sophie*
de *Monnier*, fuyant de chez sa mère, et non de
chez elle, n'avait pu emporter que ses bijoux. Il
fallut donc vivre d'industrie. Le comte traduisit
une histoire d'Angleterre, et se fit instituteur. Il
faut en convenir, *Mirabeau*, précepteur, devait,
à cette époque, inspirer peu de confiance aux
mères de famille : cependant, s'il avait donné de
mauvais exemples, il donnait d'utiles leçons, et
il aurait pu s'assurer, ainsi qu'à son intéressante

B

compagne, une existence tranquille ; mais il céda au desir blâmable de se venger de son père : *Mirabeau* écrivit des mémoires contre le marquis, et les fit passer en France... Il en fût puni. Réfugiés dans un pays indépendant, qui servit toujours d'asyle à ceux que proscrivaient les rois, dans un état libre, où la pensée n'avait nulle entrave, *Sophie* et son amant se croyaient en sûreté, ils espéraient, du moins, que nulle autorité arbitraire ne viendrait troubler leur repos, et qu'on ne violerait pas le droit des gens ; ils se trompaient. Une lettre-de-cachet, signée *Amelot* et *Vergennes*, les fit arrêter le 17 mai 1777. Cette trahison, de la part du gouvernement hollandais, n'est pas la seule qu'on puisse lui reprocher.

Quelle est horrible la situation de *Mirabeau*, quand il voit le précipice affreux où il a entraîné celle qui lui a tout sacrifié ! Son propre danger ne l'occupe point, il oublie que l'échafaud l'attend en France, il ne voit que *Sophie*. *Sophie*, dont le sein recèle un gage de son amour ; *Sophie*, qui perd à jamais et l'honneur et la liberté, qui perd plus encore, qui le perd lui-même... Le désespoir s'empare de la marquise, elle ne veut point survivre à une si cruelle séparation, elle dit un éternel adieu à son amant, le poison va couler dans ses veines.... *Mirabeau* lui ordonne de vivre ; et par une éloquence que l'amour seul peut rendre persuasive, il lui fait concevoir l'espoir d'une prompte justification. On les sépare. Le comte est conduit au donjon de Vincennes : on laisse à madame de *Monnier* le tems de faire ses couches, et elle est enfermée ensuite au

couvent de Gien, le 18 juin 1778. Privés de se voir, les deux amans ne furent pas long-tems privés de s'écrire. Un magistrat compâtissant, M. *Le Noir*, lieutenant de police, consentit à faire remettre, lui-même, aux deux prisonniers, les lettres qu'ils s'écriraient, à condition qu'il aurait la liberté de les lire; mais il usa de ce droit avec ménagement, et tint fidèlement sa promesse. Alors s'établit entre la marquise et son amant, cette correspondance si longue, si intéressante, et qu'on lit avec avidité, quoique toutes les lettres traitent à-peu-près le même sujet. Si l'on cherche la source du charme puissant qui vous attache à la lecture de ces lettres dépourvues d'événemens, on la trouve dans l'excessive sensibilité de *Mirabeau*, dans la variété de son style, dans la profonde connaissance qu'il a du cœur humain, dans l'art avec lequel il fait partager ses opinions et ses sentimens. Du fond de sa prison, il exerce un empire absolu sur le cœur et sur l'esprit de *Sophie*; il dirige ses idées, il prépare son ame à recevoir toutes les impressions qu'il voudra lui donner. La marquise montre-t-elle quelque scrupule, fait-elle quelques réflexions sur l'opinion que l'on peut avoir de sa liaison avec *Mirabeau*, il s'empresse de rassurer son ame : « L'amour, lui dit-il, s'il n'est ex-
» trême, est honteux et coupable. L'honneur
» proscrit tout plaisir qui n'est point appelé par
» la passion, comme une honteuse lubricité ;
» mais jamais le sentiment n'est lascif, et la
» femme la plus chaste peutêtre très-voluptueuse
» si elle aime. Je l'ai dit mille fois : jouir n'est
» pas corrompre. O ma charmante amie ! la

» vertu ressemble aussi peu à ce qu'on nomme
» ordinairement ainsi, qu'au vice même; la vé-
» ritable vertu ne dépend point du caprice des
» mortels, des illusions des fanatiques, des di-
» verses spéculations des moralistes, des dog-
» mes, des rites, des tems, des lieux, des sexes;
» elle consiste dans un cœur droit, sensible,
» sincère, et dans l'exercice de toutes ses facul-
» tés. L'honneur prescrit à une femme de n'a-
» voir qu'un amant, de se respecter en lui;
» d'être fidèle à ses sermens, incapable de légè-
» reté, et même, en un sens, d'inconstance.
» L'honneur proscrit tout plaisir auquel l'amour
» ne préside pas; mais lorsque la sensibilité ai-
» guise les sens, pourquoi réprouverions-nous
» les mouvemens impérieux de la nature? Les
» sensations sont-elles moins son ouvrage que les
» sentimens ». Quelle est la femme qui ne
puisse, en attribuant ainsi au sentiment tous les
écarts de l'imagination, justifier la conduite la
plus irrégulière. Dans l'esprit de celui qui adopte
une semblable morale, toutes les institutions ci-
viles qui contrarient les passions, sont des atten-
tats contre la nature; c'est par de semblables so-
phismes que de prétendus réformateurs ont dé-
truit les liens sacrés qui unissaient les pères à
leurs enfans, les femmes à leurs époux. Ces
dangereux paradoxes, parodiés et non pas imités
d'*Epicure*, étaient utiles à *Mirabeau* pour capti-
ver sa maîtresse; il eût rougi de les soutenir
dans un ouvrage destiné à l'impression.

Quand on est faible et malheureux, on se
livre facilement à des idées religieuses : on cherche hors de la société qui nous opprime, hors

du monde qui nous rejette, un être consolateur. Chez les femmes, sur-tout, la crédulité augmente avec l'infortune. *Sophie*, incertaine de ce qu'elle doit croire, interroge son amant sur l'existence de la divinité? Cette question était embarrassante; *Mirabeau* était athée. Il détestait, sur-tout, les prêtres; il ne croyait pas la religion nécessaire au peuple; « parce qu'il est impossi-
» ble à l'homme de se former une idée de quel-
» que chose absolument hétérogène et disparate
» à tout ce qu'il connaît; parce que nos idées
» métaphysiques qui ont produit les subtilités
» et les disputes scholastiques, ont soufflé par-
» tout l'intolérance et la superstition; parce que
» les peuples ne font que changer de poly-
» théisme, et que celui des chrétiens est âpre,
» insociable et turbulent; enfin, parce que l'au-
» torité se mêle toujours des débats des prêtres,
» au détriment des nations». Telle était l'opi-
nion de *Mirabeau*, celle qu'il a manifestée dans tous ses écrits (1); mais il sentait que l'ame de

---

(1) « La religion, ajoute-t-il ailleurs, n'est point
« le frein du peuple. Les passions et l'intérêt présent
» parlent toujours plus haut que la crainte d'un avenir
» malheureux mais incertain et éloigné.

» Le christianisme déprave et éteint l'industrie. Il ne
» faut avoir aucune liaison sociable avec toute personne
» infectée du zèle religieux. On ne peut jamais compter
» sur des-gens qui sanctifient la perfidie et rapportent
» toute espèce de moralité à un système qui, quand il
» ne serait pas faux, absurde et pernicieux, se trouve
» sans cesse en contradiction avec les passions, les
» intérêts et le courant de la vie humaine. On prétend
» qu'on peut être dévot sans être fourbe ou fou; quand
» j'en aurai vu un exemple, je croirai que cela n'est pas
» impossible, mais non pas que cela est ordinaire ».

Sophie n'était pas assez forte pour adopter un système entièrement négatif ; il ne voulait pas lui enlever une erreur qui pouvait apporter quelques soulagemens à ses maux. Il l'a laissée dans le doute ; mais son pyrrhonisme est fondé sur la nécessité de l'ordre et de la vertu, nécessité toujours sentie par l'homme sage et éclairé, insuffisante pour le vulgaire. Voici sa réponse :

« Y a-t-il un Dieu ? n'y en a-t-il point ? Se
» mêle-t-il des affaires de ce monde ? ne s'en
» mêle-t-il pas ? Ici je te répondrai naïvement ce
» que je t'ai répondu, et ce que je te répondrai
» bien souvent : *je n'en sais rien*. Et peu m'im-
» porte, parce que je suis assuré qu'il m'est
» impossible d'en savoir plus que je n'en sais,
» et que ma bonne foi, mes sentimens, mes in-
» tentions ne sauraient déplaire à l'Etre infini-
» ment juste, s'il en est un. Je ne sais ni s'il
» existe, ni comment il existe ; mais je sais que
» le bien moral, utile et même nécessaire à
» l'homme, indispensable à l'organisation et au
» maintien de la société, est obligatoire pour
» tout être raisonnable. Je sais que s'il est un
» Dieu, l'homme juste et bon lui sera agréable.
» Je sais que s'il n'en est pas, l'homme juste et
» bon sera souvent le plus heureux et le moins
» agité, et qu'alors même qu'il sera persécuté
» et malheureux, le témoignage de sa cons-
» cience adoucira ses maux, que des remords
» envenimeraient comme ils empoisonnent,
» sans doute, la prétendue félicité des méchans.
» Je sais que j'en serai mieux avec moi-même,
» et plus aimé de mon amante, quand j'aurai
» été vertueux : cela me suffit pour idolâtrer la

» vertu, et ces sentimens droits et simples , les
» opinions estimables et salutaires , ne peuvent
» jamais faire de mal ni à moi, ni aux autres ».

Quelle différence entre cette morale et celle
que *Mirabeau* prêchait tout-à-l'heure ! On voit
que l'intérêt n'est plus le même. Dans cette lettre il veut éclairer ; dans la précédente il voulait
séduire ; et personne mieux que lui ne posséda
l'art de persuader ? Tout-à-la-fois ardent, réflé-
chi, romanesque et flatteur , il savait toucher
toutes les cordes sensibles , et porter dans les
cœurs la conviction qu'il paraissait avoir lui-
même ; je ne veux pour exemple que la lettre
suivante.

A SOPHIE.

« O Sophie ! qui le jour trouble mon repos,
» qui la nuit me tourmente en songe ! Sophie,
» source de tout bonheur, de toute volupté,
» de tout transport, crois-tu donc qu'elle n'est
» point toute aimable celle qui a fixé ce cœur
» volage, qui jamais ne s'était donné ; ces sens
» impétueux , qui m'ont tant commandé d'in-
» fidélités, cet homme si blâsé sur tout ce que
» le vulgaire appelle des plaisirs , si au-dessus
» de l'opinion, cette folle reine du monde , si
» rempli d'une trop juste méfiance contre ton
» sexe , et qui seulement, depuis qu'il te con-
» naît, n'approcha jamais des feux sacrilèges de
» ton temple ? Non, et ce remords, le plus cruel
» de tous , est étranger à mon cœur ; jamais
» parjure ne souilla ma bouche ; jamais l'idée
» de te tromper ne déshonora mon ame. Tout
» ce que je t'ai dit de mon amour, tout ce que

» je t'en ai caché, tout ce que tu en as senti,
» tout ce que tu en as deviné, est également
» vrai, profond, inaltérable, éternel; il sur-
» vivra à mes forces, à mes desirs; et les
» délires de mon imagination ne sont que ton
» moindre triomphe. Crois-tu que ce soit une
» femme ordinaire qui ait remporté sur moi une
» telle victoire » ?

Il n'est pas une femme qui recevant une pareille lettre, après une année de liaison, ne se croye uniquement adorée. La marquise le croyait; elle était dans l'erreur. *Mirabeau* était infidèle, deux autres femmes partageaient son cœur pendant sa détention à Vincennes. L'une était la femme du gouverneur, l'autre une princesse française que les brigands révolutionnaires ont depuis assassinée; c'est à elle que *Mirabeau* dût toutes les douceurs qui tempérèrent l'amertume de sa captivité. La privation de la liberté ne fut pas le seul chagrin qu'il éprouva; la mort lui enleva successivement ses deux enfans, le fils de madame de *Mirabeau*, et la fille de *Sophie*.

Son séjour à Vincennes est marqué par quelques anecdotes assez curieuses. Un des porte-clefs de cette prison me dit un jour que le comte avait éprouvé une vive frayeur au premier repas qu'il y fit. Ayant heurté par distraction son verre, il vit sur-le-champ s'élancer sur la table un rat monstrueux, portant un collier de drap rouge; il recule d'étonnement, et l'animal saute sur son épaule. Ce rat avait été apprivoisé par un prisonnier qui n'avait pas d'autre compagnon de son infortune. La manière brusque dont M. de

Mirabeau reçut cet étrange convive, l'exila pour jamais de sa table.

Pour se distraire de ses ennuis et de ses chagrins, il composa plusieurs ouvrages. Les commentaires de dom *Calmet*, sur la bible, lui fournirent l'idée singulière de rassembler, dans un seul cadre, tous les goûts bisarres des hommes, tous les moyens qu'ils ont pris pour varier leurs plaisirs, tromper la nature et créer des passions nouvelles; il fit l'*Erotica Biblion*. Obligé pendant quelque tems de travailler en secret, il écrivait sur les pages blanches des livres qu'on lui prêtait, et il les cachait sous la doublure de son habit. C'est ainsi qu'il composa son ouvrage sur *les lettres-de-cachet*, ouvrage qui a commencé sa grande réputation, et qui a beaucoup accéléré la révolution. Vers la fin de 1779, la princesse qui s'intéressait à lui obtint, par son crédit, qu'il jouirait d'une liberté plus étendue; il pouvait sortir quelquefois, venir même à Paris, pourvu qu'il se représentât le soir au commandant. A cette époque, ou peu avant, on enferma au donjon de Vincennes M. *Baudouin*, maître des requêtes, accusé d'avoir volé des couverts d'argent chez le garde des sceaux, mais fort innocent de ce crime. Il était enfermé parce que son beau-père, fermier-général, trouva qu'il était plus difficile de payer les dettes de son gendre, que d'obtenir une lettre-de-cachet, et ces dettes, *Baudouin* les avait faites pour des expériences utiles et curieuses dans sa terre de Bretagne (1). Ce prisonnier avait beaucoup d'esprit,

______

(1) Le cit. *Lalande*, de l'académie des sciences, a été

avait voyagé avec fruit, et connaissait toutes les intrigues des cours. *Mirabeau*, sans se faire connaître, et prenant la qualité d'un sylphe officieux, lui procura, dans sa prison, tous les objets qui pouvaient le flatter, et entretint une longue correspondance, par laquelle il obtint la confidence de toutes les anecdotes connues du prisonnier. Une fois muni de ces annales secrètes, *Mirabeau* les rédigea, les fit imprimer sous le titre de *l'Espion dévalisé*, et vendit son livre fort cher; il se rappellait toujours avec plaisir cette petite espiéglerie littéraire.

Le 17 décembre 1780 mit fin à sa captivité et à la colère de son père, qui le rappella près de lui. Il resta seize mois avec le marquis de *Mirabeau*, qui l'engagea, dit-on, à écrire des libelles contre sa mère. *Sophie* était prisonnière encore, et n'avait d'espoir que dans son amant. *Mirabeau* forme le projet de l'enlever; il se procure l'empreinte des clefs du couvent; en fait faire de pareilles, les fait parvenir à la belle récluse, convient du jour et de l'heure de sa sortie, prend secrètement la poste, et se rend de nuit sous les murs du monastère. Mais un surveillant avertit l'abbesse, et madame de *Monnier* est surprise au moment de sa fuite; son amant n'a que le tems de s'éloigner. Il fallut renoncer à ce projet hardi. Cependant les intérêts de *Sophie*, et la propre sûreté de *Mirabeau*, ne lui permettaient pas de rester dans l'inaction; il se rend à Pontarlier pour y purger sa contu-

---

autorisé, par le magistrat suprême, à démentir l'accusation dans les journaux.

mace , et faire juger le procès dans lequel avait été rendu un jugement qui le condamnait à avoir la tête tranchée. Il doutait du succès ; mais l'honneur et l'amour lui commandaient de se rendre au tribunal. Avant de s'y présenter , il demande à madame de *Monnier* de ses cheveux ; il partage avec elle un poison actif , qu'il avait fait préparer , et monte à l'audience en portant sur son cœur et le poison et le gage de l'amour de *Sophie* (1). Il défend lui-même sa cause avec cette éloquence et cette énergie qu'il a depuis développées à la tribune ; il effraye ses adversaires, il attendrit son auditoire, il intéresse ses juges ; et ce procès , dont l'issue semblait ne devoir être que la perte de l'une des deux parties, se termina, au grand étonnement de tout le monde , par une transaction passée entre *Mirabeau* et le marquis de *Monnier*, le 11 août 1782. Il fut convenu que « *toutes les difficultés nées et à naître*
» *au sujet tant de la plainte portée par M. de*
» *Monnier, que de la sentence par lui obtenue ,*
» *demeuraient éteintes et terminées , sans que les*
» *parties pussent se rechercher à cet égard sous*
» *quelque prétexte et de quelque manière que ce*
» *fût , consentant, M. de Monnier, que la sen-*
» *tence fut comme non avenue en tous ses points* ».
Le ministère public se tût , M. de *Monnier* paya les frais, les dommages et intérêts, et *Mirabeau*, tranquille possesseur de sa maîtresse , que le même acte rendait libre , rit avec elle de la clémence des maris outragés.

______

(1) *Manuel* me montra un jour , chez *Desenne* , le sachet qui renfermait ces deux objets ; il l'avait volé avec les lettres de *Mirabeau*.

Peu de tems après, *Mirabeau* se rendit en Provence, où il descendit chez le bailli son oncle, et voulut forcer madame de *Mirabeau* à se réunir à lui. Madame de *Mirabeau* répondit que M. de *Marignane* son père était déterminé à ne jamais vivre avec son gendre ; que cette raison serait suffisante pour la tenir éloignée de lui : d'ailleurs, que les événemens qui avaient eu lieu depuis que M. de *Mirabeau* et elle vivaient éloignés l'un de l'autre, seraient toujours un obstacle à tout projet de réunion. Madame de *Mirabeau* ne tarda pas même à demander en justice sa séparation.

Sa séparation, rejettée par la sénéchaussée d'Aix, fut prononcée par le parlement le 5 juillet 1783.

Une nouvelle carrière s'ouvre pour *Mirabeau* ; aigri par le malheur, il se voit, à 33 ans, jeté dans le monde sans état et sans considération, poursuivi même par une prévention défavorable ; il brûle de se distinguer, de se rendre utile en défendant la cause du peuple : il se consacre à la politique. Son panégyriste, l'abbé *Cérutti*, parlant de cette résolution, suppose que *Mirabeau* fut inspiré pat les écrits philosophiques de *Montesquieu*, de *Voltaire*, de *Mably*, de *Rousteau*. « *Mirabeau*, dit-il, jeune encore, voulut,
» pour atteindre à leur sphère, s'élancer au-delà
» des bornes qu'ils n'avaient osé franchir, et
» il s'écria : Ce qu'ils ont proposé je vais l'en-
» treprendre ; ce qu'ils ont traité d'impossible
» je vais l'exécuter ; je devancerai mes pré-
» curseurs ; mon intrépidité servira d'instru-
» ment à leur génie. Ils ont créé la lumière,

» je vais créer le mouvement ». Pour étudier l'esprit des cabinets, il passe à Londres, et peu de tems après il publie deux écrits qui le font remarquer ; l'un intitulé : *Considérations sur l'ordre de Cincinnatus* ; l'autre : *Doutes sur la liberté de l'Escaut.* Des vérités neuves, des idées hardies, un style original, fixèrent l'attention publique sur ces deux ouvrages. De retour en France, il s'occupe d'objets de finances ; il écrit *sur la Caisse d'escompte, sur la Banque Saint-Charles, sur les Actions des eaux* ». Je ne » suis pas un grand spéculateur, disait-il, en » parlant de ces écrits ; mais quand on sait bien » ses quatre règles, qu'on peut conjuguer le » verbe *avoir*, on est un aigle en finance ». Dans toutes ses productions, quelque sujet qu'il traitât, il ne négligeait aucune occasion de s'élever contre les abus du gouvernement, et d'énoncer quelques-uns des principes de liberté consacrés depuis par la révolution. C'était sur-tout contre l'immoralité des gouvernans qu'il s'élevait avec le plus de force. Il cherchait à créer un esprit public ; il rappellait sans cesse aux chefs de l'état, que la puissance d'un prince est toujours en rapport avec l'estime qu'ils inspirent, et que l'obéissance du peuple dépend de la pureté de ses mœurs.

« Le véritable ressort de l'autorité, disait-il, » est dans l'opinion et dans le cœur des gou-» vernés : d'où il suit que rien ne peut suppléer » aux mœurs pour le maintien du gouverne-» ment. Il n'y a que les gens de bien qui sachent » administrer les lois ; mais il n'y a que les » honnêtes gens qui sachent véritablement leur

» obéir. Ceux dont elles sont l'unique conscience
» sont très-loin de la vertu , et même de la pro-
» bité , et celui qui brave les remords , sait braver
» les supplices , châtiment bien moins long que
» le premier , auquel on peut d'ailleurs toujours
» espérer d'échapper ; mais quand l'espoir de
» l'impunité suffit pour encourager à enfreindre
» la loi , l'intérêt général n'est plus celui des
» personnes , et tous les intérêts particuliers se
» réunissent contre lui. Les vices ont alors plus
» de force pour énerver les lois , que les lois
» pour réprimer les vices. On finit par n'obéir
» au législateur qu'en apparence. A cette époque
» les meilleures lois sont les plus funestes ,
» puisque si elles n'existaient pas , elles seraient
» une ressource qu'on aurait encore. Faible res-
» source ! car les lois multipliées sont plus mé-
» prisées , et de nouveaux surveillans deviennent
» autant de nouveaux infracteurs.

» L'influence des lois est donc toujours pro-
» portionnelle à celle des mœurs. Le caractère
» des administrateurs y influe beaucoup , et c'est
» dans tous ces rapports qu'il faut les envisager.
» Si le prix de la vertu , par exemple , est celui
» du brigandage , si les hommes vils sont accré-
» dités , les dignités prostituées , le pouvoir ra-
» valé par ses dispensateurs , les honneurs dés-
» honorés , il est certain que la contagion ga-
» gnera tous les jours ; le peuple s'écriera en
» gémissant : Mes maux ne viennent que de
» ceux que je paie pour m'en garantir ; et pour
» s'étourdir il se jettera dans la corruption que
» l'on provoquera de toutes parts pour étouffer
» ses murmures ».

Mirabeau écrivait ce morceau avant la révolution. Ceux qui le lisent actuellement, oubliant qu'il en fût l'auteur, sont tentés de lui assigner une époque plus récente.

Le gouvernement, inquiet de l'influence que *Mirabeau* exerçait déjà sur l'opinion, fatigué de lui entendre répéter souvent *que le pot-au-feu du peuple était une des bases des empires*, sentit le besoin de l'éloigner. On n'osa point lancer contre lui une DIX-HUITIÈME lettre-de-cachet; mais le ministre *Calonne* lui fit subir un exil honnête, en lui donnant une mission obscure pour Berlin. Il y resta jusqu'à l'époque de l'assemblée des notables, observant, écoutant, écrivant. Il eut l'imprudence de publier son livre, intitulé : *La Monarchie Prussienne*. Le roi de Prusse lui ordonna de partir dans les vingt-quatre heures; il obéit, et se vengea du congé en composant *l'Histoire secrète de la cour de Berlin*. Cet écrit compromettait une foule de personnages importans, divulguait beaucoup d'intrigues politiques, tendait directement à soulever tous les cabinets les uns contre les autres, et allumer la guerre dans toute l'Europe, enfin à déterminer la révolution française. Le livre fut dénoncé au parlement de Paris, qui le condamna à être brûlé par la main du bourreau, et qui décréta l'auteur de prise-de-corps. *Mirabeau* brava les foudres parlementaires, et continua d'écrire. Dans un *Avis aux Bataves*, il rappelle à la Hollande qu'elle a été véritablement libre, et qu'elle peut l'être encore; il ouvre les yeux du peuple sur la mauvaise administration des finances, en faisant imprimer sa *Dénonciation de l'Agiotage*.

Enfin, il ne néglige rien pour se populariser. L'époque des états-généraux arrive, et *Mirabeau* voit d'avance la place qui lui appartient : cependant il ne peut espérer d'être nommé par la noblesse. Il part pour Marseille, ouvre une boutique, se fait marchand, et est envoyé à Versailles comme représentant de la sénéchaussée d'Aix.

Aussitôt que l'on sut que *Mirabeau* était député, on le décria. Quel choix, disaient les nobles ! Un espion, un intrigant, un homme sans conduite, sans principes, voilà celui que la Provence nous envoie ! On rappelait son procès avec le marquis de *Monnier*, les mémoires contre son père ; on le déchirait de toutes parts... Il paraît à la tribune, il y proclame les droits du peuple. Tout-à-coup l'opinion change. Son éloquence et son courage lui concilient la bienveillance publique ; enfin, arrive ce jour mémorable, ou *Brezé* vient signifier aux états-généraux que le roi les dissout. L'étonnement et la crainte rendent, en un moment, les députés indécis. *Mirabeau* n'hésite pas à se dévouer ; il crie d'une voix terrible, au messager de la cour : « *Allez* » *dire à ceux qui vous ont envoyé, que nous sommes* » *ici par la volonté du peuple, et que nous n'en* » *sortirons que par la puissance des baïonnettes* » *!* Cet élan sublime décida la révolution, et plaça *Mirabeau* au premier rang des orateurs français, rang qu'il a conservé jusqu'à sa mort.

Nous ne le suivrons pas dans sa carrière législative. Elle eut tant d'éclat, que nul de ses travaux n'est ignoré C'est lui qui, le premier, eut le courage de demander le désarmement des troupes, et l'organisation de la garde nationale :

c'est

c'est lui qui détermina la réunion des trois-ordres, qui provoqua la destruction des priviléges et la vente des biens du clergé ; c'est lui qui fit proclamer la liberté de la presse et des cultes ; c'est lui qui consacra le principe de l'égalité des successions : on lui doit la modération des peines. Aucune partie du système politique ne lui fut étrangère ; il discuta la première constitution presque toute entière ; il présenta les idées les plus sages sur l'éducation nationale. Il fit reconnaître la nécessité du divorce ; mais il le concevait moral, et non pas tel qu'il est devenu depuis, le droit scandaleux d'afficher la licence ; il porta la lumière dans le système des impôts, et prouva que la France ne pouvait combler le déficit de ses finances et lutter avec avantage contre ses ennemis, sans un papier-monnaie représentatif des valeurs territoriales dont elle pouvait disposer. Il sentit, le premier, l'abus affreux que le brigandage révolutionnaire ferait des assignats, si le nombre n'en était pas limité, si leur rentrée n'était pas assurée. Il fit tout pour établir une garantie, mais il ne savait pas encore que personne ne se croit obligé de remplir un engagement dont tout le monde est solidaire, et que le serment le plus solemnel, dès qu'il est général, n'est plus qu'une fiction ridicule.

Mirabeau avait trop de talens pour n'avoir point de rivaux. La révolution avait une marche si rapide, qu'il ne pût prévoir tous les événemens ; les factions se formèrent, le parti des démagogues devint peu-à-peu formidable, *Mirabeau* était dénoncé de toutes parts. On l'accusait de vendre ses opinions tantôt à la Cour, tantôt

au parti d'Orléans ; les journaux, les libelles ani-
maient contre lui la haine populaire ; rien ne l'é-
pouvanta. Il avait pour principe, qu'un petit caractère tue les plus grandes qualités, et que dans
les crises politiques il ne faut pas regarder en
arrière ; il n'était jamais plus éloquent et plus
sublime que lorsqu'il était personnellement atta-
qué : *je sais*, s'écriait-il, *que la roche Tarpéiène
est voisine du Capitole*, et il marchait à son but.
Quelques hommes violens, *don Quichottes*, du
parti que *Mirabeau* combattait, ne pouvant le
vaincre à la tribune, le provoquèrent en duel. *Je
le veux bien*, répondait *Mirabeau* ; *mais comme je
ne puis me battre tant que la constitution ne sera pas
faite, je tiens liste de ceux qui me font l'honneur
de me jetter le gant, et je vais vous inscrire.*

Un jour qu'il se promenait sur la terrasse des
Tuileries, un crieur public s'époumonait pour
vendre un libelle intitulé : *les Crimes de Mirabeau* ; il s'approche, regarde la brochure, et
demande au marchand s'il en a beaucoup vendu ;
pas une encore, dit le colporteur : tiens, mon
ami, reprit *Mirabeau* en lui donnant un écu de
six francs, il ne faut pas que tu perdes ta journée.

Les travaux importans de *Mirabeau* ne suspen-
daient pas le cours de ses plaisirs ; plus ses occu-
pations étaient multipliées, plus il multipliait ses
jouissances physiques ; il était robuste, mais il
comptait trop sur ses forces ; fatigué par la ten-
sion continuelle de son esprit, épuisé par ses
veilles, il ne pouvait plus goûter les plaisirs simples et doux d'une liaison de cœur ; son imagination ardente lui faisait exagérer le roman des
voluptés. *Sophie* était oubliée, les courtisannes les

plus lascives épuisaient leur art pour contenter ses desirs. La nature céda sous tant d'efforts, une humeur àcré se manifesta bientôt, et attaqua les sources de la vie. Sa vue s'affaiblit, et son estomac ne pouvait plus digérer. *Quand le premier fonctionnaire est mauvais*, disait Mirabeau, *il faut finir*. Il sentit qu'il était gravement affecté; mais il ne voulut point rallentir ses travaux. Quand les progrès du mal le forcèrent d'appeller du secours, il n'était plus tems. Sa maladie jetta la consternation dans Paris; sa maison était entourée d'une foule inquiète qui demandait sans cesse de ses nouvelles. La tribune paraissait muette, et l'on prévoyait déjà qu'elle allait perdre son plus bel ornement. *Mirabeau* conserva sa raison jusqu'au dernier moment. Entouré de ses amis; il conversait avec eux, et voulait dissimuler ses douleurs; mais elles devinrent si vives, qu'il fut contraint d'y céder. *J'ai pour un siècle de forces*, disait-il, *je n'ai plus pour un instant de courage*. Ayant eu un évanouissement léger, son domestique accourt; il le regarde, et lui dit : *Soutiens ma tête, je voudrais pouvoir te la léguer*; il fit son testament avec calme. Une pauvre femme qui lui servait de garde-malade, pleurait près de son lit : *pourquoi pleures-tu?* lui dit gaiement le moribond *! Tu ès sans fortune, je te laisse une petite rente, que t'importe ma gloire? Eh bien ! tu n'entendras plus crier dans les rues : voilà la grande motion de M. de Mirabeau*. Quelques instans avant de mourir, il entendit le canon : *Sont-ce déjà*, s'écria-t-il, *les funérailles d'Achille?* Il expira le 2 avril 1791, à dix heures du matin. Un décret lui décerna les honneurs du Panthéon; au moment de son convoi, dont le cortége était formé par l'assemblée nationale, par toutes les autorités, et par vingt mille citoyens, plusieurs personnes entrèrent dans la chambre où il étoit mort, et apperçurent dans son alcove un spectre livide, couvert d'un linceuil blanc, sur lequel étaient peintes des flammes et des larmes, sa tête était voilée, et son front ceint d'une couronne de cyprès. On se saisit du phantôme, et on le livra aux gardes, qui le conduisirent au dépôt, chef-lieu de l'arrondissement. On reconnut que c'était une femme payée par quelques dévots pour jouer cette farce ridicule, et tâcher d'agiter le peuple : on garda prudemment le silence sur cette aventure (1). On répandit le bruit qu'il avait été empoisonné ; mais cette conjecture fut bientôt dissipée par l'ouverture de son corps (2). Ce qui donna lieu à ces soupçons, fut le désespoir de son secrétaire, qui, dans le moment où le comte expira, se perça de plusieurs coups de canif, en articulant des paroles vagues, qu'on interpréta, faussement, pour l'expression d'un remords. Ainsi périt cet homme étonnant, long-

____

(1) Les pièces de cette affaire sont chez le citoyen *Beffara*, commissaire de police de la section du Mont-Blanc.

(2) On reconnut que le siége principal de la maladie avait été autour du cœur. On trouva, sous le péricarde, une humeur jaunâtre et opaque, des caillots de sang, et des concrétions lymphatiques. On remarqua qu'il avait le crâne d'une grande capacité, et la cervelle volumineuse ; on avait déjà fait cette observation sur *Voltaire*. Le citoyen *Sue* conserve dans son muséum la cervelle de *Mirabeau*.

tems persécuté, jouet de la fortune et de ses passions, cet homme dont le génie maîtrisa l'opinion publique, et dont la gloire tardive fut si éclatante. Il eut de grands talens, quelques vertus et de grands défauts. Il était orgueilleux, emporté, violent jusqu'à frapper la femme qu'il aimait le plus; mais il était généreux, discret et sensible; il méprisait les hommes, mais il recherchait ceux qui possédaient des vertus ou des talens; avide de gloire et de fortune, il était peu jaloux d'un grand pouvoir; fidele avec ses amis, il ne l'était ni avec ses créanciers, ni avec ses maîtresses. On pourrait dire de lui, qu'il avait deux morales, une comme homme public, une comme homme privé. L'intérêt de sa fortune contrariait souvent l'intérêt de sa gloire. *Mirabeau*, orateur, écrivain philosophe, était l'ami du peuple et de la vertu; *Mirabeau*, homme de qualité, homme en place, oubliait souvent et le peuple et la probité.

La connaissance qu'on avait de ses principes relâchés, accréditèrent les ridicules inculpations qui le firent arracher du Panthéon, lorsque la convention égarée y porta son idole *Marat*. (1) On est encore dans l'opinion que *Mirabeau* n'avait ni conçu, ni désiré la république. Ceux qui l'ont connu sont d'un autre avis. Il ne croyait pas il est vrai, que le moment fut venu d'adopter cette forme de gouvernement; mais il l'a préférait, et il a cru se peindre lui-

---

(1) On disait assez plaisamment ce jour-là : « Les » imbécilles croyent *dépanthéoniser Mirabeau*, ils ne » voyent pas qu'ils *maratisent* le Panthéon.

même, lorsqu'il a tracé le caractère d'un républicain.

« Une fierté invincible, dit-il: un courage
» indomptable, une liberté de principes et de
» pensées qui ne se soumette qu'à la raison seule,
» et qui repousse tout autre empire, une in-
» dépendance qui ne cède ni aux plaisirs, ni
» aux peines de l'opinion. Telle est l'âme d'un
» républicain; mourir plutôt que de changer,
» telle est sa devise. Il doit jurer à la nature,
» à la patrie, à lui-même, de rester sans avenir
» dans un présent fâcheux, plutôt que de ram-
» per un moment; de fouler aux pieds tout ce
» qui contrarierait ses principes et ses passions,
» et même la gloire. De repousser toutes protec-
» tions déguisées en amitié, de n'appartenir
» qu'à celui qui lui appartiendra; secours pour
» secours, zèle pour zèle, amitié pour amitié,
» liberté, vertu par-dessus tout; de montrer
» toujours son sentiment par les mots ou par
» les faits; de regarder comme illusion, quant
» à lui, tout ce qui est hors de lui, tout ce
» qui est opinion étrangère, tout ce qui n'est
» pas une pensée de son esprit, ou un senti-
» ment de son cœur; de ne s'estimer que par
» la fermeté à maintenir ses droits et le res-
» pect pour ceux d'autrui; en un mot, d'être
» lui, de n'être que lui, de ne s'estimer que
» par lui. » Il avait effectivement cette roideur
de caractère dont il fait le principal mérite du
républicain. Son éloquence était entraînante;
Cérutti l'a fort bien peint, lorsqu'il a dit : à la
puissance de la pensée, il joignait la magie de
la parole; il faisait reparaître avec force le point

disparu de la question, et sortir avec éclat le point invisible du problême. La conséquence éloignée était rapprochée et apperçue. Le nœud secret était découvert et saisi, les raisonnemens pressés autour des objections n'en laissaient échapper ni subsister aucune. Un coloris quelquefois rembruni; une expression quelquefois théâtrale et démesurée servait à subjuguer la prévention, ou à réveiller la léthargie. Il tuait ou ressuscitait à son gré les passions; il s'adressait à elles pour obtenir ou leur suffrage, ou leur silence. Le principe commandait à l'orateur, et l'orateur commandait à l'assemblée : la tribune enfin était le trône de son génie. Sans être ami du néologisme, il avait souvent de ces expressions neuves qui étonnent et séduisent, parce qu'elles présentent une grande image. C'est ainsi que dans une discussion importante dont voulaient s'emparer tous les partis; il s'écria : *la parole est du silence*; mot sublime qui produisit tout l'effet qu'il en attendait. Sa répartie était vive, souvent plaisante dans la conversation et toujours spirituelle. Il arrive un jour au club de 89, comme on parlait des ressources de l'état, quelques personnes paraissaient fort occupées à discuter une question que leur avait soumise *Hassemfratz*. *Mirabeau* demanda ce dont il s'agissait; *Hassemfratz*, lui dit-on, se plaint de ce qu'on néglige trop l'exploitation des mines; il prétend qu'il y a autant de richesses métalliques dans l'intérieur de la terre en France, qu'il y en a d'employées à sa surface. *Hassemfratz à raison*, répliqué *Mirabeau*, *et nous sommes si convaincus de ce qu'il avance*, *que depuis la révolution nous ne nous occupons qu'à mettre tout sans dessus dessous.*

Mirabeau dût une partie de sa gloire à la résistance opiniâtre et au talent que lui opposèrent ses adversaires. Il en est d'un orateur comme d'un guerrier, l'éclat d'une victoire est toujours en raison du nombre et de l'habileté des ennemis vaincus ; en logique ainsi qu'en physique, la force se mesure sur les obstacles ; et *Mirabëau* n'aurait peut-être eu que la réputation d'un rhéteur, si *Cazalès* et l'abbé *Mauri* n'avaient pas irrité son génie, ce qui prouve qu'un grand homme a presque toujours besoin, pour paraître ce qu'il est, du concours heureux des circonstances.

Après la fortune, les femmes étaient ce que *Mirabeau* aimait le plus ; il en était toujours bien accueilli : il écrivit à un de ses amis qui s'étonnait de la facilité qu'il trouvait à faire des conquêtes : « Je suis fort laid ; mais en récom-
» pense la nature m'a pourvu d'une taille her-
» culéène que l'on préfère souvent aux traits
» délicats d'un adonis. » Cela fait peu l'éloge des belles auxqu'elles il s'adressait. Si l'on en croit ses écrits, il faisait grand cas des femmes, si l'on en croit sa conduite, il avait pour elles peu d'estime ; dans un moment où sans doute il était amoureux, il écrit à un jeune prince.

« Un moyen infaillible de conquérir le suf-
» frage des femmes, qui contribuent autant à
» la réputation qu'au bonheur de la vie, c'est
» le respect extérieur pour leur sexe. Ce respect
» est un devoir, puisqu'enfin les femmes sont
» nos mères, nos sœurs, nos amies, nos
amantes ;

» amantes ; ce respect est prudence puisque ce
» sexe est le confident de nos plus inévitables
» faiblesses : ce respect caractérise toujours une
» âme noble et généreuse, car le sexe faible,
» dans lequel nous voulons même les qualités
» qui le laissent sans défense, est abandonné
» à notre protection. Ainsi son vœu pour être
» respecté est dans la nature. Les plus vils ob-
» jets de la prostitution sont flattés des égards,
» et y prétendent ridiculement. C'est un triste
» symptôme de la dépravation publique, que
» les femmes qui pourraient obtenir ce respect,
» paraissent y renoncer, et leur fureur pour
» corrompre les autres est un effet du mal être
» de leur condition forcée. Afficher du respect
» pour les femmes en géhéral, c'est leur ap-
» prendre à se respecter. »

Une pareillle opinion flattera toute femme
honnête ; mais en est-il une qui ne s'indigne
en entendant ce même *Mirabeau* s'écrier : « l'a-
berration des comètes n'est pas plus difficile à
calculer que les mouvemens du cœur, de l'esprit, et sur-tout de l'amour-propre des femmes.
Vous remarquerez que je n'ai peut-être fait là
qu'un pléonasme au lieu d'un *crescendo* ; car
plus je les vois, et plus je me persuade que
l'amour-propre est à-peu-près l'unique clef de
ce qu'on appelle leur caractère. Or le caractère
ne se compose que des habitudes de l'âme et
de l'esprit mélangés, il est vrai à des doses iné-
gales, et j'ai beaucoup de peine à croire que le
sexe duquel monsieur *Thomas* dit, *il est impos-*
sible de le connaître, ne doive pas toute son

D

impénétrabilité au défaut presqu'absolu de caractère. »

Cette diversité d'opinions sur le même sujet,
prouve comme je le disais plus haut, que *Mirabeau* avait pour certains objets, deux esprits ,
deux plumes et deux consciences. Il perdait ra-
rement une occasion d'ajouter à ses conquêtes.
Plus la réussite paraissait difficile , plus il met-
tait de prix au laurier. Il était un jour dans une
de ses terres avec quelques amis. A dix lieues
de-là habitait une femme très-jolie , à laquelle
il desirait plaire , et qui paraissait ne pas le voir
défavorablement. Le mari de cette femme arrive dans le château au moment où on l'attendait le moins. *Mirabeau* lui fait l'accueil le plus
caressant, recommande à ses amis de lui faire
les honneurs et de l'amuser. Il arrange pour le
lendemain une partie de chasse afin de fêter
dignement le nouveau venu ; mais à peine la
nuit a-t-elle paru, qu'il s'absente sans qu'on
s'en apperçoive, prend la poste, se rend auprès
de la belle , triomphe , et retourne au château
assez à tems pour ouvrir la chasse avec le mari,
qui ne se doutait guère que son hôte avait fait
20 lieues dans la louable intention de consoler
sa femme du chagrin de son absence.

La marquise de *Monnier* fût la seule femme
qu'il aima véritablement , cependant il l'aban-
donna quand il embrassa la carrière politique ,
cette femme ne survécut pas long-tems à *Mirabeau.* Elle se donna la mort en s'asphixiant
volontairement avec du charbon ; *mais ce fût
pour un autre amant.* Les écrits de *Mirabeau*

ne furent pas tous dictés par la décence ; il fit dans sa jeunesse des ouvrages qu'il aurait sans doute désavoué dans un âge plus raisonnable , tels sont les livres orduriers intitulés : *Le Libertin de qualité* et *ma conversion*. Il traduisit en vers le *Parapilla* italien, cette traduction n'a jamais paru, de crainte, disait-il, qu'on ne lui attribuât dans la suite tous les mauvais libelles qui paraîtraient.

On a publié sous son nom une traduction de *Tibulle*. Un littérateur plus exercé que *Mirabeau* dans l'art des vers , a réclamé cette production. On a objecté que *Mirabeau* dans ses lettres à *Sophie* , parle sans cesse de sa traduction de *Tibulle* et de *Jean Second* ; mais rien ne prouve que ce soit la même que celle publiée après sa mort, et nous aimons à croire que le citoyen *Lachabeaussière* , n'a pas revendiqué sans raison un ouvrage qui n'est pas nécessaire à sa réputation établie depuis long-tems par des écrits mieux faits. *Mirabeau* faisait des emprunts de toute espèce. (1) Ce qui doit paraître étonnant, c'est qu'avec un génie aussi élevé , un esprit aussi profond, *Mirabeau* n'ait jamais pu apprendre la géométrie, quoiqu'il eût pour maître l'illustre *Lagrange* ; il avait trop d'ardeur, une imagination trop vive pour soumettre son esprit aux froides combinaisons mathématiques , c'est ce qui me confirme dans l'opinion que cette

_____

(1) Parmi les écrits qu'il a publiés, il en est qui portent un cachet qui n'est pas le sien , et l'on sait que *Champfort* et d'autres littérateurs travaillaient souvent pour lui,

âme brûlante, expansive, devait nécessairement unir les plus éminentes qualités aux plus grands défauts, et qu'il n'aurait jamais été un grand homme, s'il eût été un homme sage.

Mirabeau aura des détracteurs et des admirateurs enthousiastes. Un voyageur errant parmi les ruines d'Athènes, a gravé sur un fût de colonne, près de la tour de *Démosthène*, cette inscription : *A Mirabeau. Béni soit l'homme qui respectera ces pierres.* Ceux qui ne connaîtront que ses ouvrages, applaudiront à ce tribut d'admiration, ceux qui connaîtront sa vie privée, laisseront à la postérité le soin de juger s'il était mérité.

F I N.